Uli Stein ONLINE

FÜR:

LAPPAN

Uli Stein, 1946-2020, erfolgreichster und bekanntester Cartoonist Deutschlands. Nach dem Abi studierte er Pädagogik, entschied sich aber kurz vor dem Staatsexamen gegen eine Beamtenlaufbahn und begann zu fotografieren und zu schreiben. Seine Nonsens- und Satiretexte bescherten ihm eine eigene Sendung beim Saarländischen Rundfunk, bevor er eher nebenbei entdeckte, dass er die Pointen seiner komischen Einfälle mit dem Zeichenstift schneller auf den Punkt bringen konnte als mit vielen Worten. So entstanden seine ersten Cartoons, deren Figuren im Laufe der Jahre zu den unverwechselbaren Charakteren wurden, die heute Millionen Menschen kennen und lieben. Seine Cartoons erschienen zuerst in Zeitungen und Zeitschriften, danach in Büchern und auf zahlreichen Produkten. Allein im deutschsprachigen Raum sind fast 14 Millionen Cartoonbücher von Uli Stein verkauft worden. Er hat damit nachhaltig die Cartoonszene geprägt.

Uli Stein lebte und arbeitete zurückgezogen bei Hannover, seiner Geburtsstadt. In den letzten Jahren tauschte er den Zeichenstift zunehmend gegen die Kamera ein und ging seiner zweiten großen Leidenschaft nach: dem Fotografieren. Mehrere viel beachtete Ausstellungen, aufwendige Fotobände und Kalender dokumentieren auch diese Seite seiner Kreativität.

Im Mittelpunkt seines künstlerischen Schaffens standen immer wieder Tiere, vor allem Hunde, die er leidenschaftlich liebte. 2018 gründete er die „Uli-Stein-Stiftung für Tiere in Not", die sich dem Tierschutz im In- und Ausland verschrieben hat und seine Anliegen weiterführen wird. Uli Stein verstarb im August 2020 im Alter von 73 Jahren.

2. Auflage 2025

– Originalausgabe –

© 2022 Lappan Verlag in der Carlsen Verlag GmbH,
Völckersstraße 14–20, 22765 Hamburg

ISBN 978-3-8303-4527-5

Herstellung, Konzept und Lektorat: Ulrike Boekhoff

© Uli Stein-Cartoons bei Catprint Media GmbH
www.catprint.de

Triff uns auf facebook.com/lappanverlag
und auf instagram.com/lappanverlag • www.lappan.de

MIX
Papier | Fördert
gute Waldnutzung
FSC® C002795

Wir produzieren nachhaltig
· Klimaneutrales Produkt
· Papiere aus nachhaltigen und kontrollierten Quellen
· Hergestellt in Europa

ERWIN HAT DARAUF BESTANDEN, DASS ICH IN DIESEM JAHR MEIN HAUSHALTSBUCH AUF DEM COMPUTER FÜHRE ...

TAUSENDMAL HABE ICH DIR SCHON GESAGT, DASS DU BEIM ESSEN KEINE WHATSAPP-NACHRICHTEN SCHREIBEN SOLLST ...

WENN ES DAS NEUSTE MODELL IST, WIESO STEHT DANN AUF DER TASTATUR „ALT"?

PSSSSST ... LEISE! PAPA IST IM RESUME-MODUS.

... ER VERSTEHT MICH EINFACH NICHT. ER GIBT SICH NICHT MAL MÜHE! MANCHMAL GLAUBE ICH, ICH INTERESSIERE IHN GAR NICHT!

HAT ER SEINEN SCHLECHTEN TAG, IST NICHTS MIT IHM ANZUFANGEN, UND AM NÄCHSTEN MORGEN IST ER WIEDER ...

... DER BRAVSTE DER WELT UND TUT, ALS OB NICHTS GEWESEN WÄRE. ICH HABE SEINE LAUNEN JETZT ENDGÜLTIG SATT!

SO HATTE ICH MIR DAS MIT UNS BEIDEN NICHT VORGESTELLT: UNSERE WEGE WERDEN SICH WIEDER TRENNEN ...

GUTE NACHRICHT: ER WIRD DURCHKOMMEN!

NA SUPER! KANN ICH SEINE GANZEN DATEN NOCH MAL NEU EINGEBEN!

LAPPAN Bücher, die Spaß bringen!

ISBN 978-3-8303-4528-2

ISBN 978-3-8303-4527-5

ISBN 978-3-8303-3584-9

NEUE CARTOONS von ULI STEIN by CheekYmouse!

ISBN 978-3-8303-3638-9

ISBN 978-3-8303-3679-2

Freuen Sie sich auf neue
Uli-Stein-Cartoons –
auf Humor in Bestform!

Mehr von Uli Stein und dem Programm von Lappan gibt's auf **www.lappan.de**